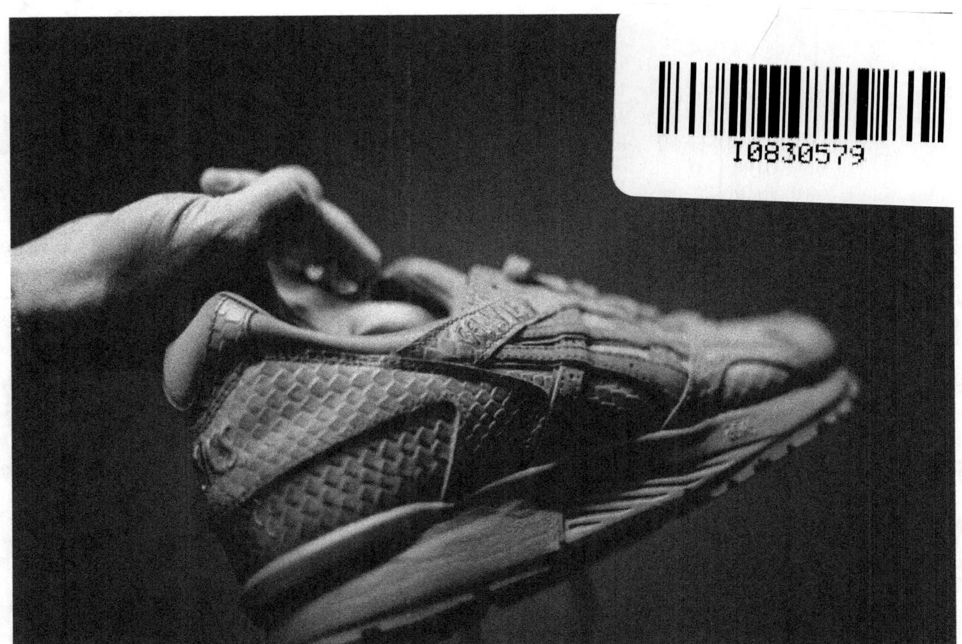

Inhaltsverzeichnis:

1. Die Ursprünge der Sneaker-Kultur

- Geschichte der ersten Sportschuhe: Vom ersten Sportschuh bis zur Entwicklung des modernen Sneakers.
- Einfluss großer Marken: Der Aufstieg von Adidas, Puma, Converse und Nike.
- Basketball und HipHop als Katalysatoren: Michael Jordans Einfluss und die Verbindung zur HipHop-Kultur in den 80ern und 90ern.

2. Sneaker als Teil der Subkulturen

- Die Sneaker-HipHop-Verbindung: Warum Sneaker zu einem festen Bestandteil der HipHop-Kultur wurden.
- Skateboard- und Basketball-Kultur: Wie Sneaker in diesen Szenen symbolisch und praktisch genutzt wurden.
- Sneaker und Streetwear: Die Evolution des Streetwear-Trends und wie Sneaker eine zentrale Rolle darin spielten.

3. Die Kunst des Sammelns: Sneakerheads und ihre Sammlungen

- Motivation und Leidenschaft: Psychologische Aspekte des Sammelns und warum Sneaker für viele mehr als nur Schuhe sind.
- Kultmodelle und ikonische Sneaker: Details zu Modellen wie dem Air Jordan 1, dem Adidas Superstar, Nike Dunk und anderen Klassikern.
- Sneaker-Grails und persönliche Geschichten: Einblicke in berühmte Sammlungen und die Geschichten hinter seltenen Modellen.

4. Die Kommerzialisierung und der Hype um Sneaker

- Limitierte Editionen und Kollaborationen: Wie Marken mit Künstlern, Athleten und Designern kooperieren, um limitierte Modelle zu schaffen.
- Ressourcen für Sneaker-Enthusiasten: Sneaker-Apps, Blogs, Foren und der Einfluss von sozialen Medien auf die Szene.
- Resale-Kultur und Wertsteigerung: Der Einfluss des Resale-Marktes und die wirtschaftlichen Aspekte.

5. Technologie und Innovation in der Sneaker-Welt

- Materialien und nachhaltige Praktiken: Die neuesten Technologien in der Sneaker-Produktion und das Streben nach Nachhaltigkeit.
- Smart Sneaker und technologische Upgrades: Schuhe mit Sensoren, Sneaker-Fit-Technologie und die Zukunft von Smart-Sneakern.

6. Die globale Dimension der Sneaker-Kultur

- Sneaker rund um die Welt: Unterschiede und Besonderheiten in Asien, Europa und den USA.
- Streetwear und Sneaker-Konventionen: Events, Messen und Communitys, die die globale Szene zusammenbringen.
- Regionale Einflüsse und Stile: Wie Kulturen und Märkte die Entwicklung und den Stil von Sneakern beeinflusst haben.

7. Nachhaltigkeit und ethische Herausforderungen

- Umweltbewusstsein und Markenverantwortung: Wie die großen Marken auf Umweltprobleme und Nachhaltigkeitsforderungen reagieren.
- Die Rolle von Konsumenten: Nachhaltige Sneaker und alternative Optionen für umweltbewusste Käufer.

8. Die Zukunft der Sneaker-Kultur

- Trends und Prognosen: Welche Trends dominieren die Sneaker-Welt aktuell und was die Zukunft bringen könnte.
- Virtuelle Sneaker und die digitale Welt: NFTs, Augmented Reality und die Rolle von virtuellen Sneakern im Metaverse.

Sneaker-Kultur: Die Faszination einer globalen Bewegung

Von den Basketball-Courts und den Straßen New Yorks bis hin zu den Laufstegen der Modewelt – Sneakers haben die Welt erobert. Dieses Buch taucht tief in die Geschichte und die Evolution der Sneaker-Kultur ein, von ikonischen Modellen über seltene Sammlerstücke bis hin zu den neuesten Innovationen im Bereich Nachhaltigkeit und Technologie. Erfahren Sie, wie Sneakers zu einem Ausdruck von Identität und Individualität wurden, und entdecken Sie die Geschichten hinter den legendären Schuhen, die ganze Generationen geprägt haben.

Mit exklusiven Einblicken in die Welt der Sammler, Designer und Markenstrategen bietet dieses Buch ein umfassendes Bild der Sneaker-Kultur und ihrer wachsenden Bedeutung. Ein Muss für alle Sneakerheads und Modebegeisterten – und für jeden, der verstehen möchte, warum Sneakers mehr sind als nur Schuhe.

Kapitel 1: Die Ursprünge der Sneaker-Kultur

1.1 Die Entstehung der ersten Sportschuhe

- Die Geschichte des Sneakers beginnt im 19. Jahrhundert mit den ersten Sportschuhen, die damals für Komfort und Bewegungssicherheit in Sportarten wie Tennis und Cricket entwickelt wurden. Die ersten Modelle bestanden aus Canvas-Obermaterial und einer Gummisohle – ein Design, das um 1860 vom britischen Unternehmen J.W. Foster and Sons auf den Markt gebracht wurde.

- Plimsolls: Dies waren die ersten Gummisohlen-Schuhe und galten als Vorreiter moderner Sportschuhe. Der Name „Plimsoll" stammt von einem britischen Architekten, der eine Parallele zwischen der Gummisohle und der Wasserlinie eines Schiffes zog. Diese Schuhe galten als Innovation, da die Gummisohle eine lautlose Bewegung ermöglichte – daher auch der Name „Sneaker" (Schleicher).

- Converse All-Star: 1917 kam das erste Modell von Converse auf den Markt, der Converse All-Star, auch bekannt als „Chuck Taylor". Dieses Modell wurde bald der beliebteste Basketball-Schuh und ist ein absoluter Klassiker geblieben.

1.2 Der Aufstieg der großen Marken

- Adidas und Puma: Die Gründungsgeschichte dieser beiden Marken ist eng mit der Familie Dassler in Deutschland verbunden. Die Brüder Adolf („Adi") und Rudolf Dassler starteten 1924 eine kleine Schuhfabrik. Nach einem Streit trennten sich die beiden Brüder und gründeten Adidas und Puma als zwei konkurrierende Marken, die bis heute zu den größten Namen in der Sportwelt zählen. Adi Dasslers Adidas baute seinen Ruf auf innovative Sportschuhe, darunter die ersten Schuhe mit Stollen für Fußballschuhe.

- Nike und der Beginn einer neuen Ära: Gegründet in den 1960er Jahren, revolutionierte Nike den Markt durch die Einführung des „Nike Cortez" und später des ikonischen „Air Jordan". Durch clevere Partnerschaften mit Basketball-Legenden wie Michael Jordan und erfolgreiche Werbekampagnen gewann Nike globalen Einfluss und wurde in den 80er und 90er Jahren zum Inbegriff der Sneaker-Kultur.

- Reebok, New Balance und andere Marken: In den 80er Jahren gewannen auch andere Marken an Popularität, die durch technische Innovationen und kultige Designs ihre eigene Fangemeinde aufbauten. New Balance etablierte sich als Marke für Running-Sneaker und Reebok fand insbesondere mit Aerobic-Schuhen große Beachtung.

1.3 Basketball und HipHop als Katalysatoren

- Die Ära von Michael Jordan: Der Durchbruch der Sneaker-Kultur in den 80ern und 90ern ist eng mit der Karriere von Michael Jordan verbunden. Der Air Jordan 1, der 1985 von Nike auf den Markt gebracht wurde, markierte einen Wendepunkt. Trotz eines Verbots durch die NBA aufgrund der

ungewöhnlichen Farbgebung führte das massive Marketing zu einem
Sneaker-Hype, der bis heute andauert. Der Air Jordan ist eine der beliebtesten
und meistverkauften Sneaker-Serien aller Zeiten.

- Einfluss der HipHop-Kultur: In den Straßen von New York City und anderen
  urbanen Zentren entwickelten sich in den 70ern und 80ern die HipHop-Kultur
  und Streetwear-Mode, wobei Sneakers eine zentrale Rolle spielten. Künstler
  wie Run-D.M.C. trugen Adidas Superstar ohne Schnürsenkel und setzten
  damit ein Trendzeichen. Die Kombination von HipHop und Sneakern führte zu
  einer starken, bis heute anhaltenden kulturellen Verbindung.

Kapitel 2: Sneaker als Teil der Subkulturen

2.1 Die Sneaker-HipHop-Verbindung

- Ein gemeinsamer Ursprung in den Straßen: Sneakers und HipHop sind beide aus urbanen Kulturen und Lebensstilen entstanden. In den 70er und 80er Jahren trugen junge Leute in New York City Sneakers, nicht nur wegen des Komforts, sondern auch als Ausdruck ihrer Identität und Rebellion gegen gesellschaftliche Normen. Die Musik, Graffiti und Breakdance-Szene in der Bronx trugen maßgeblich dazu bei, dass Sneakers zu einem festen Bestandteil der Jugendkultur wurden.

- Run-D.M.C. und die Adidas Superstar-Ikone: Die HipHop-Gruppe Run-D.M.C. trug Adidas Superstar ohne Schnürsenkel – ein Stil, der ursprünglich aus den Gefängnissen stammte, in denen Schnürsenkel oft verboten waren. Ihr Hit „My Adidas" aus dem Jahr 1986 war eine Liebeserklärung an ihre Sneaker und festigte Adidas' Platz in der HipHop-Kultur. Diese Verbindung war so stark, dass Adidas später einen Sponsorenvertrag mit Run-D.M.C. abschloss – eine der ersten Partnerschaften zwischen einer Sportmarke und einer Musikgruppe.

- Sneaker als Statussymbol: Im Laufe der Zeit wurden bestimmte Sneaker-Modelle – wie der Nike Air Force 1 oder der Air Jordan – zum Statussymbol und Kennzeichen des HipHop-Lifestyles. Der Besitz limitierter oder exklusiver Sneaker wurde in der Szene zunehmend als Zeichen von Erfolg und Authentizität wahrgenommen.

2.2 Skateboard- und Basketball-Kultur

- Skateboarding und der Einfluss von Vans: In den 70er Jahren begannen Skateboarder in Kalifornien, Sneakers als perfekte Schuhe für ihren Sport zu nutzen. Vans etablierte sich als eine der ersten Marken für Skateschuhe und entwickelte Modelle, die durch ihre rutschfeste Gummisohle und die Strapazierfähigkeit für Skater ideal waren. Auch Converse und Nike fanden später Zugang zur Skaterszene mit Modellen wie dem Nike SB Dunk.

- Die Rolle des Basketballs in der Sneaker-Kultur: Basketball spielte eine zentrale Rolle für die Entwicklung von High-Performance-Sneakern, die heute Kultstatus haben. Der Converse Chuck Taylor war der erste Basketball-Schuh, der von Profis getragen wurde. Später revolutionierte Nike den Markt mit dem Air Jordan, der nicht nur im Basketball, sondern auch in der HipHop-Szene Einzug hielt. Die Verbindung von Basketball und Sneaker-Kultur zeigt sich in zahlreichen Retro-Releases, die nicht nur bei Sportlern, sondern auch bei Sammlern beliebt sind.

2.3 Sneaker und Streetwear

- Streetwear und die Anfänge: In den 90ern kam es durch die Kombination von HipHop, Skateboarding und Surfen zur Entstehung von Streetwear. Marken wie Supreme und Stüssy, die Streetwear-Kultur geprägt haben, bauten in ihren Kollektionen häufig auf Sneaker als Schlüsselelement des Looks auf. In dieser Zeit wurden Sneakers von der bloßen Sportausstattung zu einem wichtigen Modeartikel und Ausdrucksmittel.

- Kollaborationen und limitierte Editionen: Die Verbindung von Streetwear und Sneaker-Kultur führte zu einer neuen Ära von limitierten Sneaker-Releases. Marken wie Nike, Adidas und Puma begannen, mit Streetwear-Marken und Künstlern zusammenzuarbeiten, um einzigartige Modelle zu kreieren. Diese Kollaborationen – z. B. die Zusammenarbeit von Nike mit Supreme oder Off-White – brachten Sneaker in die Luxuswelt und schufen eine begehrte Sammelware, die oft ausverkauft ist, bevor sie überhaupt offiziell verfügbar ist.

- Soziale Medien und die Sneaker-Kultur: Mit dem Aufstieg sozialer Medien wurde die Sneaker-Kultur international vernetzt. Plattformen wie Instagram und Facebook bieten Sammlern, Designern und Sneakerheads eine Möglichkeit, ihre Kollektionen zu präsentieren, Raritäten zu finden und sich über die neuesten Modelle auszutauschen. Dies trug stark dazu bei, dass Sneaker eine eigene Subkultur bildeten, die weltweit und in allen sozialen Schichten vertreten ist.

Kapitel 3: Die Kunst des Sammelns: Sneakerheads und ihre Sammlungen

3.1 Motivation und Leidenschaft

- Psychologie des Sammelns: Für viele Sneakerheads ist das Sammeln von Sneakers mehr als ein Hobby – es ist eine Leidenschaft und ein Ausdruck der eigenen Identität. Ähnlich wie bei Sammlern von Kunst oder Antiquitäten hat jedes Paar Sneaker für einen Sammler eine besondere Bedeutung, sei es durch seine Seltenheit, seine Geschichte oder den persönlichen Bezug, den der Besitzer zu ihm hat. Oft ist es der Wunsch, ein Stück Geschichte oder Kultur zu besitzen, das Sammler antreibt.

- Der Reiz der Exklusivität: Ein zentraler Anreiz des Sammelns ist die Exklusivität. Limitierte Releases, oft nur in geringer Stückzahl oder in bestimmten Regionen verfügbar, erhöhen den Reiz und Wert der Sneakers. Für Sammler ist der Besitz eines solchen „Grails" (besonders begehrtes Modell) ein Symbol für Engagement und Insiderwissen in der Szene.

- Nostalgie und persönliche Geschichten: Oftmals spielen persönliche Erinnerungen und nostalgische Bezüge eine große Rolle. Viele Sneakerheads sammeln Modelle, die sie an eine bestimmte Zeit, ein Ereignis oder einen Meilenstein in ihrem Leben erinnern. Diese emotionale Verbindung macht die Sneaker-Kultur so lebendig und individuell.

3.2 Kultmodelle und ikonische Sneaker

- Air Jordan 1: Der Air Jordan 1, der 1985 auf den Markt kam, ist einer der bekanntesten Sneaker der Welt. Durch seine Verbindung mit Michael Jordan und die zahlreichen legendären Colorways hat dieser Schuh einen festen Platz in der Sneaker-Geschichte. Der „Bred" (schwarz/rot) Colorway und der „Chicago" Colorway gelten als Kultklassiker, die bei jeder Neuauflage schnell ausverkauft sind.

- Nike Air Force 1: Der Nike Air Force 1, ursprünglich als Basketballschuh eingeführt, entwickelte sich zu einem Straßenkult-Phänomen. Vor allem in der HipHop-Kultur ist der „AF1" tief verwurzelt und gilt als zeitloser Klassiker. Modelle wie der Air Force 1 „White on White" sind ikonisch und gehören zu den meistverkauften Sneakers weltweit.

- Adidas Superstar: Ursprünglich als Basketballschuh entwickelt, wurde der Adidas Superstar in den 80ern durch HipHop-Gruppen wie Run-D.M.C. berühmt. Sein schlichtes, dennoch markantes Design mit der charakteristischen Shell-Toe-Kappe macht ihn zu einem klassischen Modell, das Generationen überdauert hat.

- Weitere Klassiker: Andere Modelle wie der Reebok Classic, Puma Suede, Nike Dunk und New Balance 990 sind ebenfalls Kultklassiker, die für Sammler und Sneaker-Enthusiasten einen hohen Stellenwert haben.

3.3 Sneaker-Grails und persönliche Geschichten

- Was ist ein Grail?: In der Sneaker-Szene bezeichnet „Grail" ein besonders
  seltenes oder begehrtes Modell, das viele Sammler als das „Heilige Graal"
  ihrer Kollektion ansehen. Diese Schuhe sind oft schwer zu finden und haben
  meist eine besondere Bedeutung oder Geschichte. Ein Grail kann ein Sneaker
  sein, den man seit Jahren sucht oder der nur in extrem begrenzter Auflage
  produziert wurde.

- Legendäre Grails: Zu den legendärsten Grails gehören Modelle wie der Nike
  MAG (inspiriert von „Zurück in die Zukunft"), der Nike SB Dunk „Paris", der Air
  Jordan 11 „Concord" und der Nike Yeezy 2 „Red October". Diese Modelle
  erreichen auf dem Resale-Markt oft Preise im vier- oder fünfstelligen Bereich.

- Persönliche Geschichten hinter den Schuhen: Für viele Sammler ist der Wert
  eines Sneakers nicht nur finanziell, sondern emotional. Geschichten von
  Sammlern, die jahrelang nach einem bestimmten Modell suchten oder ihre
  „Grails" unter besonderen Umständen ergatterten, machen die Sneaker-Kultur
  besonders. Diese Geschichten sind oft Teil der Identität des Besitzers und ein
  bedeutender Grund, warum Sneaker-Sammler ihre Schuhe stolz präsentieren.

3.4 Die Sneaker-Community und der Austausch unter Sammlern

- Messen und Events: Große Events wie „Sneaker Con" oder „ComplexCon"
  bringen die globale Sneaker-Community zusammen. Hier können Sammler
  ihre neuesten Errungenschaften zeigen, Sneakers tauschen oder verkaufen
  und sich über die neuesten Trends austauschen. Diese Events sind auch ein
  zentraler Ort, um Gleichgesinnte kennenzulernen und in die Kultur
  einzutauchen.

- Social Media und Online-Communitys: Plattformen wie Instagram, Facebook-
  Gruppen und spezielle Sneaker-Foren wie „NikeTalk" oder „Sole Collector"
  ermöglichen Sammlern, ihre Kollektionen zu präsentieren, seltene Schuhe zu
  finden und mit anderen Sneakerheads in Kontakt zu treten. Social Media hat
  die Sneaker-Kultur stark geprägt, indem es einen Raum für Sammler und
  Enthusiasten geschaffen hat, sich auszutauschen und Trends schnell zu
  verbreiten.

- Sneaker-Releases und Bots: Da limitierte Sneaker oft binnen Sekunden
  ausverkauft sind, greifen viele Sammler auf „Bots" (automatisierte
  Programme) zurück, um ihre Chancen bei einem Release zu erhöhen. Diese
  Entwicklung zeigt die Konkurrenz und den Hype in der Sneaker-Szene, aber
  auch die Bereitschaft der Sammler, innovative Wege zu finden, um an ihre
  begehrten Modelle zu gelangen.

Kapitel 4: Die Kommerzialisierung und der Hype um Sneaker

4.1 Limitierte Editionen und Kollaborationen

- Entwicklung limitierter Auflagen: Die Strategie der „Limitierten Edition" begann in den 2000ern als Marketinginstrument und hat sich zu einem zentralen Bestandteil der Sneaker-Kultur entwickelt. Marken wie Nike und Adidas begannen, exklusive Kollektionen in kleiner Stückzahl zu veröffentlichen, was den Hype enorm steigerte und die Nachfrage über das Angebot hob.

- Bedeutung der Kollaborationen: Kollaborationen mit Prominenten, Designern und Streetwear-Marken wie Virgil Abloh (Off-White x Nike), Travis Scott (Nike und Air Jordan), Kanye West (Yeezy mit Adidas) und Supreme haben den kommerziellen Wert von Sneakers revolutioniert. Diese Partnerschaften verschmelzen die Sneaker-Kultur mit Popkultur und Luxusmode und schaffen Hype-Produkte, die oft weltweit in Minuten ausverkauft sind.

- Künstlerische und kulturelle Bedeutung: Kollaborationen beschränken sich nicht nur auf Verkaufszahlen. Künstler wie Virgil Abloh nutzten ihre Plattform, um durch ihre Designs kulturelle Aussagen zu treffen. Sein „deconstructed" Stil in der Off-White x Nike „The Ten"-Kollektion brachte ein neues Designverständnis und bewies, dass Sneaker auch Kunstobjekte sein können.

4.2 Ressourcen für Sneaker-Enthusiasten

- Apps und Online-Plattformen: In den letzten Jahren haben Plattformen wie StockX, GOAT und Grailed die Art und Weise verändert, wie Sneaker gekauft und verkauft werden. Diese Plattformen bieten eine transparente Preisgestaltung und eine sichere Methode für Sammler, seltene Modelle zu kaufen oder zu handeln. Dank ihrer Authentifizierungsdienste sind sie auch eine Lösung gegen Fälschungen.

- Blogs und Social Media: Plattformen wie Instagram und YouTube spielen eine zentrale Rolle in der Sneaker-Szene. Influencer, Blogger und Content Creators teilen Sneaker-Reviews, Outfits und Informationen zu neuen Releases. Sie haben großen Einfluss auf den Hype und die Beliebtheit neuer Modelle und gestalten die Szene aktiv mit.

- Resale-Plattformen und die Sneaker-Resale-Wirtschaft: Der Wiederverkaufsmarkt ist inzwischen ein Milliarden-Dollar-Geschäft. Besonders bei limitierten Modellen, die oft nur in bestimmten Stores oder Regionen erhältlich sind, schnellen die Preise auf dem Resale-Markt oft in die Höhe. Einige limitierte Sneakers, die im Retail nur für etwa 200 Euro verkauft werden, erreichen auf dem Wiederverkaufsmarkt Preise im vier- oder sogar fünfstelligen Bereich.

4.3 Resale-Kultur und Wertsteigerung

- Die Sneaker-Börse: Plattformen wie StockX und GOAT haben den Resale-Markt revolutioniert und funktionieren wie Börsen, bei denen Angebot und Nachfrage die Preise bestimmen. Sneaker-Modelle wie der Nike Dunk Low

„Panda", der Air Jordan 1 „Chicago" und der Yeezy Boost 350 erzielen oft hohe Preise und können als Wertanlagen betrachtet werden.

- Investitionsmöglichkeiten und Risiken: Einige Sammler sehen Sneakers als lukrative Investition und vergleichen sie mit klassischen Wertanlagen. Die richtige Modellwahl und der Hype um einen bestimmten Sneaker können den Wert eines Paares schnell in die Höhe treiben. Doch die Preise schwanken, und der Markt birgt Risiken – Trends und Wertschätzungen können sich schnell ändern.

- Fälschungen und Authentifizierung: Ein wachsendes Problem in der Resale-Welt sind Fälschungen, die oft täuschend echt sind. Plattformen wie StockX und GOAT bieten Authentifizierungsdienste an, um sicherzustellen, dass Käufer Originalware erhalten. Marken arbeiten ebenfalls verstärkt daran, ihre Produkte durch neue Sicherheitsmerkmale zu schützen, wie z. B. QR-Codes oder NFC-Chips.

4.4 Der Einfluss sozialer Medien auf die Sneaker-Kultur

- Instagram, TikTok und der globale Austausch: Durch die Präsenz auf sozialen Medien haben Sneaker einen weltweiten Hype erfahren. Influencer und Sammler auf Plattformen wie Instagram und TikTok teilen ihre „On-Feet-Bilder" und Videos von unboxing, styling und Sneaker-Releases. Dies beschleunigt den Hype und macht Sneaker-Modelle oft über Nacht zu Trendartikeln.

- Die Rolle von Influencern und Sneaker-Events: Influencer, vor allem in der Streetwear- und Fashion-Szene, haben großen Einfluss auf die Popularität neuer Modelle. Sie tragen zum Trend bei, was bei einem Modell angesagt ist, und kreieren dabei oft „Must-have"-Sneaker. Veranstaltungen wie „Sneaker Con" bieten ebenfalls eine Plattform, um Hype-Sneakers zu präsentieren und zu kaufen.

- Marketingstrategien der Marken: Marken nutzen gezielt Social-Media-Kampagnen und exklusive Drops, um den Hype zu steigern. Einige Releases sind nur über spezielle Apps oder in bestimmten Regionen verfügbar, was die Exklusivität weiter anheizt und den Markt noch interessanter macht.

Kapitel 5: Technologie und Innovation in der Sneaker-Welt

5.1 Materialien und nachhaltige Praktiken

- Neue Materialien und Techniken: Die Sneaker-Industrie hat in den letzten Jahren innovative Materialien eingeführt, um Komfort und Haltbarkeit zu verbessern. Marken wie Adidas und Nike verwenden heute fortschrittliche Schaumstoffe wie „Boost" (Adidas) oder „React" (Nike), um eine bessere Dämpfung und Energieübertragung zu gewährleisten. Auch atmungsaktive und leichte Materialien wie Flyknit und Primeknit ermöglichen Sneaker mit hoher Flexibilität und Belüftung.

- Recycelte Materialien und Upcycling: Nachhaltigkeit spielt eine immer größere Rolle in der Sneaker-Produktion. Adidas hat mit „Parley for the Oceans" eine Kollektion entwickelt, die aus recyceltem Plastikmüll aus dem Meer besteht. Nike verwendet recycelte Materialien für ihre „Nike Space Hippie"-Kollektion, die aus Abfallprodukten gefertigt wird. Diese Initiativen sind ein Schritt in Richtung einer umweltfreundlicheren Zukunft und sprechen Konsumenten an, die Wert auf Nachhaltigkeit legen.

- Biologische Alternativen und vegane Sneaker: Es gibt verstärkte Bemühungen, umweltfreundliche Alternativen zu herkömmlichen Materialien zu finden. Unternehmen experimentieren mit biologisch abbaubaren Stoffen wie Pilzleder, Kaktusleder und sogar Bananenfasern. Mehrere Marken haben vegane Sneaker auf den Markt gebracht, die ohne tierische Produkte hergestellt werden und so eine umweltbewusste Zielgruppe ansprechen.

5.2 Smart Sneaker und technologische Upgrades

- Sneaker-Technologie und Fitness-Tracking: In den letzten Jahren hat sich der Markt für Smart Sneaker entwickelt, die mit integrierter Technologie ausgestattet sind, um Aktivitäten zu überwachen. Marken wie Under Armour und Nike haben Modelle mit Sensoren eingeführt, die Schritte, Geschwindigkeit und verbrannte Kalorien messen und Daten über Bluetooth an eine App senden können. Die Nike Adapt BB ist ein Basketballschuh, der über eine App angepasst werden kann, um die Passform zu justieren.

- Selbstschnürende Schuhe und futuristisches Design: Nike adaptierte das Konzept der selbstschnürenden Schuhe aus dem Film „Zurück in die Zukunft" und brachte mit dem Nike HyperAdapt den ersten selbstschnürenden Schuh auf den Markt. Die Schuhe enthalten Motoren und Sensoren, die automatisch die Schnürung anpassen, um optimalen Halt zu bieten. Der Nike Adapt BB geht noch einen Schritt weiter, indem er dem Nutzer erlaubt, die Passform über eine Smartphone-App zu steuern.

- Augmented Reality und virtuelle Sneaker-Anprobe: Um das Online-Shopping-Erlebnis zu verbessern, haben einige Marken Augmented Reality (AR) integriert. Über eine App können Kunden Sneaker virtuell anprobieren und das Modell aus verschiedenen Blickwinkeln betrachten, bevor sie es kaufen. Nike hat die „Nike Fit"-App entwickelt, die den Fuß des Nutzers scannt, um die perfekte Schuhgröße zu ermitteln, und so den Kaufprozess vereinfacht.

5.3 Künstliche Intelligenz und Datenanalyse in der Sneaker-Industrie

- KI-gestützte Designs: Künstliche Intelligenz wird zunehmend im Designprozess eingesetzt. Algorithmen analysieren Trends und Kundenfeedback und helfen Designern, neue Modelle zu entwickeln, die auf die Vorlieben der Konsumenten abgestimmt sind. Durch die Auswertung von Markttrends und dem Verhalten auf Social Media können Marken wie Nike und Adidas besser vorhersagen, welche Modelle erfolgreich sein könnten.

- Personalisierung und maßgeschneiderte Schuhe: Einige Marken bieten maßgeschneiderte Sneaker an, die durch KI-Technologie und 3D-Druck an die individuellen Bedürfnisse und den Stil der Kunden angepasst werden können. Nike By You und Adidas MiAdidas ermöglichen Kunden, Materialien, Farben und sogar personalisierte Details zu wählen. Diese Form der Personalisierung spricht Konsumenten an, die Wert auf Einzigartigkeit legen.

- Automatisierte Produktion und Robotik: Durch den Einsatz von Robotern und automatisierten Prozessen in der Produktion können Marken Sneakers effizienter und kostengünstiger herstellen. Adidas eröffnete mit der „Speedfactory" eine hochautomatisierte Produktionsstätte, die in der Lage ist, Sneaker schneller und lokal in Europa und den USA zu produzieren. Dies erlaubt es Marken, schneller auf Markttrends zu reagieren und die Umweltbelastung durch kürzere Transportwege zu reduzieren.

5.4 Nachhaltige Zukunftsperspektiven

- Kreislaufwirtschaft und Recycling: Um die Umweltauswirkungen weiter zu minimieren, arbeiten einige Marken an zirkulären Produktionssystemen. Das Ziel ist es, Produkte herzustellen, die am Ende ihres Lebenszyklus vollständig recycelbar sind. Adidas experimentiert mit „Futurecraft Loop", einem Sneaker, der aus vollständig recycelbaren Materialien besteht und für eine „Closed-Loop-Produktion" konzipiert ist, bei der alte Schuhe zu neuen Produkten verarbeitet werden können.

- Nachhaltigkeitsinitiativen und soziale Verantwortung: Marken setzen zunehmend auf transparente Lieferketten und soziale Initiativen, um verantwortungsvoll mit Ressourcen und Arbeitskräften umzugehen. Puma, Nike und Adidas veröffentlichen regelmäßig Nachhaltigkeitsberichte, die ihre Fortschritte in Bezug auf Emissionsreduktion und faire Arbeitsbedingungen dokumentieren. Diese Maßnahmen stärken das Vertrauen der Konsumenten und zeigen, dass die Sneaker-Industrie in eine umweltfreundlichere und verantwortungsbewusstere Richtung geht.

- Kollaborationen mit Umweltorganisationen: Große Marken kooperieren mit Umweltorganisationen und NGOs, um Initiativen zum Schutz der Umwelt zu unterstützen. Projekte wie „Nike Move to Zero" und Adidas' Zusammenarbeit mit Parley for the Oceans sind Beispiele für diese Bemühungen. Diese Partnerschaften zeigen, dass Nachhaltigkeit in der Sneaker-Industrie nicht nur ein Trend, sondern eine langfristige Verpflichtung ist.

Kapitel 6: Die globale Dimension der Sneaker-Kultur

6.1 Sneaker rund um die Welt

- USA: Die Wiege der Sneaker-Kultur: Die USA sind das Epizentrum der Sneaker-Kultur. Besonders in Großstädten wie New York und Los Angeles hat sich die Sneaker-Szene seit den 70ern entwickelt und wurde durch HipHop, Basketball und Streetwear geprägt. Modelle wie der Air Jordan und der Nike Air Force 1 sind amerikanische Ikonen und repräsentieren den typischen urbanen Stil.

- Japan und der Einfluss von Streetwear: Japan hat eine eigene Sneaker-Kultur entwickelt, die stark durch amerikanische Popkultur und Streetwear beeinflusst ist. In Städten wie Tokio gibt es eine riesige Szene von Sammlern, die besonders auf limitierte Editionen und Kollaborationen Wert legen. Marken wie Asics und Onitsuka Tiger haben ihren Ursprung in Japan und tragen mit innovativen Designs zur weltweiten Sneaker-Kultur bei.

- Europa: Eine vielfältige Sneaker-Landschaft: Europa hat eine starke Sneaker-Szene, die von Land zu Land variiert. In Deutschland dominieren Marken wie Adidas und Puma, die weltweit an Popularität gewonnen haben. In Großbritannien haben Sneaker mit Retro-Ästhetik und Running-Sneaker wie New Balance und Nike Air Max eine große Fangemeinde. Frankreich ist für seinen lässigen Streetwear-Stil bekannt, und Paris ist ein Hotspot für limitierte Sneaker-Releases und Kollaborationen.

6.2 Streetwear und Sneaker-Konventionen

- Sneaker Con und ComplexCon: Große Veranstaltungen wie Sneaker Con in den USA und ComplexCon bringen Sneakerheads, Sammler und Enthusiasten aus der ganzen Welt zusammen. Diese Events bieten eine Plattform für Marken, neue Modelle vorzustellen, und für Fans, seltene Sneaker zu kaufen oder zu tauschen. Der Austausch auf diesen Conventions verstärkt das Gemeinschaftsgefühl und gibt den Teilnehmern die Möglichkeit, die neuesten Trends direkt von der Quelle zu erleben.

- Lokale Events und Messen: Auch auf regionaler Ebene gibt es in vielen Ländern jährliche Sneaker-Messen und Veranstaltungen, die die lokale Szene zusammenbringen. In Deutschland gibt es z. B. die Sneakerness, die in Städten wie Köln, Berlin und München stattfindet und Sammler aus ganz Europa anzieht. Diese Events sind nicht nur zum Kauf oder Verkauf gedacht, sondern dienen auch dazu, die Sneaker-Kultur zu feiern und sich mit Gleichgesinnten auszutauschen.

6.3 Regionale Einflüsse und Stile

- Asia-Pacific und die Vorliebe für High-Fashion-Sneaker: In Ländern wie China und Südkorea gibt es eine Vorliebe für Sneaker im High-Fashion-Stil. Luxus-Sneaker von Marken wie Balenciaga, Gucci und Louis Vuitton sind hier besonders populär. Diese Modelle verbinden den Komfort von Sneakern mit luxuriösem Design und zeigen, wie Sneaker weltweit als Modeobjekte wahrgenommen werden.

- Lateinamerika und der Einfluss von Street Culture: In Ländern wie Mexiko, Brasilien und Argentinien ist die Sneaker-Kultur oft eng mit Street Culture und Musikstilen wie Reggaeton und HipHop verbunden. Beliebte Modelle wie der Nike Cortez und der Adidas Superstar haben hier Kultstatus, und Marken veranstalten zunehmend exklusive Events und Releases, um diese Märkte anzusprechen.

- Der Einfluss der Kultur auf Design und Ästhetik: Die unterschiedlichen kulturellen Einflüsse spiegeln sich auch im Design von Sneakern wider. Adidas hat zum Beispiel in Zusammenarbeit mit der japanischen Marke Neighborhood Sneaker entwickelt, die Elemente der japanischen Kultur aufgreifen. Nike arbeitet oft mit Künstlern und Designern aus verschiedenen Ländern zusammen, um lokale Einflüsse in die Modelle einfließen zu lassen. Diese regionalen Besonderheiten machen Sneaker weltweit einzigartig und besonders.

6.4 Die Rolle des Internets und die globale Vernetzung

- Globale Plattformen für den Austausch: Das Internet hat die Sneaker-Kultur weltweit zugänglich gemacht. Über Social Media und Plattformen wie Instagram, Reddit und verschiedene Sneaker-Foren haben Sneakerheads die Möglichkeit, sich über Ländergrenzen hinweg auszutauschen, Trends zu verfolgen und sich gegenseitig zu inspirieren. YouTube bietet eine Plattform für detaillierte Sneaker-Reviews und Unboxing-Videos, die die Popularität bestimmter Modelle weiter fördern.

- Internationale Resale-Plattformen: Plattformen wie StockX und GOAT bieten weltweit Zugang zu limitierten Sneakern, die lokal möglicherweise nicht verfügbar sind. Diese Plattformen haben eine neue, globale Resale-Kultur geschaffen, in der Sammler aus verschiedenen Ländern miteinander handeln können. Es ist keine Seltenheit, dass Sneakers, die in den USA gekauft werden, nach Europa oder Asien weiterverkauft werden, was die Internationalität der Sneaker-Kultur unterstreicht.

- Einfluss von Social Media und Content Creators: Influencer und Content Creators aus verschiedenen Ländern tragen zur Verbreitung der Sneaker-Kultur bei. Sie geben den Fans weltweit Einblicke in ihre Kollektionen, die neuesten Trends und die Geschichten hinter ihren Lieblingsmodellen. Durch ihre große Reichweite auf Plattformen wie Instagram und TikTok tragen sie wesentlich dazu bei, Sneaker global zu promoten und die Begeisterung für neue Releases anzufachen.

Kapitel 7: Nachhaltigkeit und ethische Herausforderungen

7.1 Umweltbewusstsein und Markenverantwortung

- Ökologische Auswirkungen der Sneaker-Produktion: Die Herstellung von Sneakern hat erhebliche Auswirkungen auf die Umwelt. Materialien wie Gummi, Kunststoffe und Leder erfordern in der Produktion große Mengen an Ressourcen und Chemikalien. Die Produktion einer durchschnittlichen Sneaker-Sohle zum Beispiel setzt CO_2-Emissionen frei und erfordert energieintensive Prozesse. Angesichts der Massenproduktion und des hohen Konsums haben die großen Marken in der Industrie begonnen, sich mit dieser Problematik auseinanderzusetzen.

- Markeninitiativen zur Emissionsreduktion: Unternehmen wie Nike, Adidas und Puma haben in den letzten Jahren Nachhaltigkeitsprogramme eingeführt, um ihren ökologischen Fußabdruck zu verkleinern. Nike hat die Initiative „Move to Zero" gestartet, die sich auf die Reduktion von Emissionen und Abfall konzentriert. Adidas strebt mit seinem Programm „End Plastic Waste" an, bis 2050 alle Produkte aus nachhaltigen Materialien herzustellen.

- Transparente Lieferketten und faire Arbeitsbedingungen: Die Sneaker-Industrie steht oft wegen mangelnder Transparenz in der Lieferkette und schlechter Arbeitsbedingungen in Kritik. Marken investieren heute verstärkt in transparente Berichte über die Herkunft ihrer Materialien und die Arbeitsbedingungen in ihren Produktionsstätten. Programme wie „Better Cotton Initiative" und „Leather Working Group" sollen gewährleisten, dass Rohstoffe aus nachhaltigen und ethisch vertretbaren Quellen stammen.

7.2 Die Rolle von Konsumenten in der Nachhaltigkeit

- Nachhaltige Kaufentscheidungen: Der Konsument spielt eine entscheidende Rolle, wenn es um die Zukunft der Nachhaltigkeit in der Sneaker-Industrie geht. Immer mehr Käufer achten auf umweltfreundliche Materialien, faire Produktion und langlebige Qualität. Der Trend zu nachhaltigen Sneakern hat in den letzten Jahren dazu geführt, dass Marken wie Veja, Allbirds und Rothy's mit umweltbewussten Produkten auf den Markt gekommen sind und großen Erfolg haben.

- Recycling und Upcycling: Viele Sneaker-Liebhaber sind bereit, ältere Modelle zu reparieren oder wiederzuverwenden, statt sie zu entsorgen. Einige Marken bieten spezielle Programme an, bei denen alte Sneaker gesammelt und recycelt werden, um aus dem Material neue Produkte herzustellen. Adidas hat zum Beispiel eine „Take Back"-Initiative gestartet, bei der Kunden ihre alten Schuhe zurückgeben können.

- Bewusstsein für den Konsum und die Sneaker-Kultur: Die Sneaker-Kultur fördert häufig ein hohes Konsumniveau, insbesondere durch limitierte Editionen und ständig neue Releases. Eine bewusste Konsumhaltung und die Betonung auf Qualität statt Quantität könnten langfristig helfen, die Nachfrage nach Ressourcen zu verringern. Influencer und Marken, die umweltfreundliche

Modelle promoten, tragen ebenfalls dazu bei, das Bewusstsein der Konsumenten zu schärfen.

7.3 Nachhaltige Materialien und Innovationen

- Recycelte und erneuerbare Materialien: Marken setzen zunehmend auf innovative Materialien, die umweltfreundlicher sind. Adidas nutzt recyceltes Plastik aus den Ozeanen für seine „Parley"-Kollektion. Die Verwendung von Materialien wie recyceltem Gummi, Naturkautschuk und recyceltem Polyester nimmt zu, und Marken entwickeln ständig neue Wege, um ihre Produkte nachhaltiger zu gestalten.

- Biologisch abbaubare und vegane Alternativen: Einige Marken erforschen die Verwendung von biologisch abbaubaren Materialien wie Pilzleder und Kaktusleder. Veja hat vegane Sneaker auf den Markt gebracht, die aus innovativen, pflanzlichen Materialien hergestellt sind. Solche Alternativen bieten eine umweltfreundliche Option für Konsumenten, die auf tierische Produkte verzichten möchten.

- Technologische Innovationen in der Produktion: Nachhaltige Produktionstechnologien wie 3D-Druck und automatisierte Prozesse helfen, Abfall zu reduzieren und den Ressourcenverbrauch zu senken. Die „Futurecraft Loop"-Initiative von Adidas ist ein Beispiel dafür, wie Technologie genutzt werden kann, um Sneaker aus vollständig recycelbaren Materialien herzustellen und so die Umweltbelastung zu minimieren.

7.4 Kollaborationen mit Umweltorganisationen

- Kooperationen zur Unterstützung von Umweltprojekten: Viele Marken arbeiten mit Umweltorganisationen zusammen, um ihre Nachhaltigkeitsziele zu erreichen und ihre sozialen und ökologischen Bemühungen zu verstärken. Nike kooperiert mit der Conservation International, um die Auswirkungen seiner Produktion auf die Umwelt zu verringern. Adidas hat sich mit „Parley for the Oceans" zusammengeschlossen, um Plastikmüll aus den Meeren zu beseitigen und ihn in Sneaker-Materialien zu verwandeln.
- Soziale Verantwortung und Bildung: Unternehmen in der Sneaker-Industrie tragen eine soziale Verantwortung, ihre Kunden über die Bedeutung von Nachhaltigkeit aufzuklären. Marken, die ihre Nachhaltigkeitsinitiativen transparent machen und Konsumenten aktiv in den Prozess einbinden, setzen ein Zeichen für eine verantwortungsvollere Zukunft. Events und Kampagnen, die die Auswirkungen von Umweltverschmutzung und Klimawandel verdeutlichen, tragen dazu bei, das Bewusstsein der Konsumenten zu schärfen.

7.5 Die Herausforderungen und der Weg in die Zukunft

- Abfallmanagement und Recycling-Infrastrukturen: Trotz aller Bemühungen bleibt die Abfallentsorgung eine große Herausforderung in der Sneaker-Industrie. Die Produktion und das Recycling von Materialien wie Gummi und Kunststoff sind ressourcenintensiv und nur begrenzt nachhaltig. Ein Ziel für die Zukunft ist es, Recycling-Infrastrukturen weiter auszubauen und Materialien zu entwickeln, die leichter wiederverwertbar sind.

- Langfristige Änderungen im Konsumverhalten: Ein langfristiges Ziel ist es, das
  Konsumverhalten zu ändern und Konsumenten zu ermutigen, in langlebige
  Produkte zu investieren. Dies bedeutet, weg von Fast-Fashion und
  trendbasierten Modellen zu einer Kultur des bewussten Konsums zu kommen.
  Die Sneaker-Industrie muss eine Balance zwischen Innovation, Nachhaltigkeit
  und Kundenwünschen finden, um einen positiven Beitrag zur Umwelt zu
  leisten.

- Die Vision einer nachhaltigen Sneaker-Industrie: Die Sneaker-Industrie
  befindet sich in einem Wandel, und Nachhaltigkeit wird zunehmend zu einem
  zentralen Thema. Marken, die in die Zukunft investieren, arbeiten an
  langfristigen Lösungen und setzen sich für die Reduktion ihres ökologischen
  Fußabdrucks ein. Durch innovative Materialien, nachhaltige
  Produktionsmethoden und eine verantwortungsvolle Konsumkultur könnte die
  Sneaker-Industrie eine Vorreiterrolle in der Modebranche übernehmen.

Kapitel 8: Die Zukunft der Sneaker-Kultur

8.1 Trends und Prognosen für die Sneaker-Welt

- Retro-Revival und Neuinterpretationen: Ein Trend, der sich fortsetzen wird, ist das Wiederaufleben klassischer Modelle. Marken bringen regelmäßig Retro-Modelle wie den Air Jordan 1, den Nike Dunk oder den Adidas Superstar zurück und sprechen damit Sammler und neue Generationen von Sneaker-Fans an. Die Neuinterpretation dieser Klassiker mit modernen Materialien oder limitierte Neuauflagen sorgen dafür, dass Retro-Modelle stets gefragt bleiben.

- Personalisierung und Customization: Die Nachfrage nach personalisierten Sneakern steigt. Marken wie Nike und Adidas bieten bereits Plattformen an, auf denen Kunden ihre eigenen Designs erstellen können. Custom Sneaker und Limited Editions ermöglichen es Käufern, einzigartige Stücke zu besitzen, die ihren individuellen Stil widerspiegeln. In der Zukunft könnten Personalisierungsmöglichkeiten noch stärker in den Mittelpunkt rücken, da die Nachfrage nach Unikaten steigt.

- Sneaker als Investitionsobjekte: Die Sneaker-Resale-Welt zeigt, dass Sneaker inzwischen als Wertanlage angesehen werden. Limitierte Modelle und ikonische Kollaborationen erreichen auf dem Resale-Markt hohe Preise. Diese Entwicklung wird voraussichtlich weiter zunehmen, und der Markt könnte sich professionalisieren, ähnlich wie es bei Uhren oder Kunst der Fall ist. Plattformen, die authentifizierte Resale-Optionen bieten, könnten weiterhin boomen.

8.2 Virtuelle Sneaker und die digitale Welt

- NFTs und virtuelle Sneaker: Virtuelle Sneaker und NFTs (Non-Fungible Tokens) haben bereits Einzug in die Sneaker-Welt gehalten. Marken wie Nike und Adidas experimentieren mit digitalen Sneakers, die rein in der virtuellen Welt existieren. Käufer können NFTs von exklusiven Sneaker-Modellen erwerben, die sie als digitales Sammlerstück oder in virtuellen Umgebungen tragen können. Der Hype um NFTs zeigt, dass digitale Besitztümer zunehmend an Bedeutung gewinnen und die Sneaker-Welt um eine weitere Dimension erweitern.

- Augmented Reality und virtuelle Anproben: Augmented Reality (AR) wird das Online-Shopping-Erlebnis für Sneaker revolutionieren. Kunden können Sneaker virtuell anprobieren, um sich ein besseres Bild vom Look und der Passform zu machen, bevor sie sich für einen Kauf entscheiden. Marken arbeiten bereits an Apps und Tools, die AR nutzen, um das Einkaufserlebnis zu verbessern und Fehlkäufe zu reduzieren.

- Sneaker und das Metaverse: Das Metaverse – ein Konzept, das virtuelle Realität, soziale Netzwerke und digitale Interaktion vereint – könnte in Zukunft die Art und Weise verändern, wie Sneaker präsentiert und erlebt werden. Marken könnten virtuelle Stores im Metaverse eröffnen, in denen Kunden ihre digitalen Avatare mit den neuesten Sneakern ausstatten können.

Sneakerheads könnten ihre digitalen Sammlungen in virtuellen Galerien ausstellen, und Marken könnten exklusive Drops im Metaverse veranstalten.

8.3 Technologische Fortschritte und nachhaltige Innovationen

- Künstliche Intelligenz und Design: Künstliche Intelligenz wird Designprozesse zunehmend beeinflussen. Marken nutzen KI-gestützte Analysen, um Kundenpräferenzen und Markttrends vorherzusagen und so Designs zu entwickeln, die auf die Bedürfnisse der Zielgruppe abgestimmt sind. KI-gestützte Designprozesse ermöglichen außerdem eine schnellere und individuellere Produktion.

- 3D-Druck und individuelle Passform: Der 3D-Druck ist eine weitere Technologie, die das Potenzial hat, die Sneaker-Produktion zu revolutionieren. Sneakers, die durch 3D-Druck hergestellt werden, können präzise auf die Bedürfnisse und den Fuß des Trägers angepasst werden. Dadurch könnten maßgeschneiderte Schuhe erschwinglicher und zugänglicher werden.

- Nachhaltige Produktionsmethoden: Der Fokus auf Nachhaltigkeit wird die Sneaker-Industrie weiterhin prägen. Innovationen wie biologisch abbaubare Materialien, geschlossene Produktionszyklen und recycelte Materialien könnten in Zukunft zum Standard werden. Die Sneaker-Welt könnte in den nächsten Jahren zu einer Vorreiterrolle im Bereich der nachhaltigen Mode avancieren, und Marken werden zunehmend in Technologien investieren, die Emissionen reduzieren und Abfälle vermeiden.

8.4 Einfluss neuer Generationen und kulturelle Bedeutung

- Gen Z und der Einfluss der Nachhaltigkeit: Generation Z, die mit Umweltproblemen und dem Klimawandel aufgewachsen ist, legt großen Wert auf Nachhaltigkeit und Verantwortung. Ihre Kaufentscheidungen werden von Marken beeinflusst, die nachhaltige und ethische Werte vertreten. Die Sneaker-Industrie muss sich auf eine Zukunft vorbereiten, in der nachhaltige Werte für Käufer ebenso wichtig sind wie Stil und Komfort.

- Sneaker-Kultur als Ausdruck der Identität: Für die junge Generation sind Sneaker ein wichtiger Teil der persönlichen Ausdrucksform. Die Kombination aus Design, Marke und Geschichte eines Sneakers spielt eine zentrale Rolle dabei, wie sich Menschen über ihren Stil ausdrücken. Sneaker sind mehr als nur Schuhe; sie sind Teil der Identität und repräsentieren kulturelle Werte.

- Die globale Verbreitung und kulturelle Fusion: Sneaker sind weltweit präsent und haben sich in unterschiedlichen Kulturen etabliert. Kulturelle Verschmelzung und die Globalisierung der Sneaker-Kultur werden dazu führen, dass neue Trends und Designs entstehen, die Einflüsse aus verschiedenen Teilen der Welt vereinen. Die Zukunft der Sneaker-Kultur wird von der Vielfalt und den globalen Einflüssen profitieren.

Schlusswort

Die Reise durch die Welt der Sneaker-Kultur zeigt, wie ein ursprünglich rein funktionales Kleidungsstück zu einem der bedeutendsten Symbole unserer Zeit geworden ist. Sneakers sind weit mehr als nur Schuhe; sie sind Ausdruck von Individualität, Spiegel der Popkultur und Zeichen von Zugehörigkeit. Sie haben ihre Wurzeln in Sport und Streetstyle, wurden jedoch zu einem weltweit akzeptierten Ausdrucksmittel, das Generationen und Kulturen verbindet. Die Begeisterung für Sneakers ist mehr als nur ein Trend – sie ist eine Leidenschaft, die sich stetig weiterentwickelt und neu definiert.

Sneaker-Kultur vereint Menschen, Geschichten und Innovationen. In einer Zeit, in der Mode oft als flüchtig und kurzlebig betrachtet wird, zeigen Sneakers, wie Kleidung Identität und Geschichte erzählen kann. Sie repräsentieren sportliche Erfolge, künstlerische Visionen und technologische Errungenschaften. Jeder Sneaker hat seine eigene Geschichte, die durch den Träger lebendig wird, und so prägt jede Generation die Kultur ein Stück weiter.

Die Zukunft der Sneaker-Kultur verspricht, noch innovativer und vielseitiger zu sein. Nachhaltigkeit und digitale Welten bringen neue Möglichkeiten und Herausforderungen, die die Sneaker-Industrie in den nächsten Jahren prägen werden. Sneakers werden sich weiterentwickeln und mit ihnen auch die Community, die sie trägt und liebt. Diese Begeisterung ist ungebrochen und beweist, dass Sneakers nicht nur ein Teil unserer Garderobe, sondern ein Ausdruck unserer Träume, unseres Stils und unserer Werte sind.

Ob Sammler, Modefan, Sportler oder schlicht jemand, der sich wohlfühlen möchte – Sneakers haben für jeden eine Bedeutung. Sie erinnern uns daran, dass Mode nicht nur das ist, was wir tragen, sondern ein Teil dessen, wer wir sind. Die Sneaker-Kultur ist ein lebendiges Beispiel für die Verbindung von Kunst, Technik und Menschlichkeit. Und so wird sie auch in Zukunft ein wesentlicher Bestandteil unserer Kultur und unseres Alltags bleiben.